Zur Reform des Reichs- und Staatsangehörigkeitsgesetzes.

Von

Dr. **Wilhelm Cahn,**

Kaiserl. Geh. Legationsrat z. D.,

Associé de l'Institut de droit international.

Berlin 1908.

J. Guttentag, Verlagsbuchhandlung,

G. m. b. H.

Vorwort.

Im Sommer 1898 wurde vom Reichskanzler eine Kommission zusammenberufen, die mit der Umarbeitung des Reichsgesetzes über die Erwerbung und den Verlust der Reichs- und Staatsangehörigkeit vom 1. Juni 1870 betraut wurde. Die Beratungen dieser Kommission scheinen bis heute noch nicht zum Abschluß gelangt zu sein.

In der dritten Auflage meines Kommentares, deren Veröffentlichung ich in Erwartung des neuen Gesetzes hinausgeschoben hatte, habe ich vielfach auf die in dem Gesetze anzubringenden Veränderungen und Zusätze hingewiesen. Da es sich aber in meinem Buche um die Kommentierung des geltenden Gesetzes handelt, so habe ich, um Irrungen vorzubeugen, von der Mitteilung allzuvieler das Gesetz wesentlich verändernder Vorschläge Abstand genommen.

Es erschien vielmehr zweckmäßiger, alle von mir vorgeschlagenen Umgestaltungen in den engen Rahmen dieses Nachtrages zu fassen.

Die Veränderung, die am tiefsten in das jetzt geltende Gesetz einschneidet, ist die Beseitigung des Staatsangehörigkeitsverlustes durch Zeitablauf. Für den Fortfall dieser Gesetzesvorschrift erscheint allseitige Zustimmung gesichert. Ich möchte jedoch auch den ganzen Abschnitt des Verlustes der Staatsangehörigkeit durch Entlassung auf Antrag als nicht mehr dem Geiste der Neuzeit entsprechend beseitigt wissen. Die Gründe habe ich in der allgemeinen Betrachtung dargelegt.

Was nun die einzelnen Paragraphen betrifft, die ich in dem von mir vorgeschlagenen Entwurf neu eingeschaltet oder verändert habe, so ist einem jeden dieser Paragraphen eine kurze Begründung vorausgeschickt.

Um die Änderungen, die ich vorschlage, leichter erkennbar zu machen, ist am Schlusse eine Gegenüberstellung des geltenden Gesetzes und des in Vorschlag gebrachten Entwurfes beigefügt.

Der Zweck, den ich mit diesem Nachtrag verfolge, ist, der juristischen Welt eine Anregung zu geben, wie das neue Staatsangehörigkeitsgesetz in einer dem internationalen Rechte sich besser anpassenden Weise umzugestalten wäre. Für jede Kritik, jeden Gegenvorschlag, aber auch jede Zustimmung werde ich dankbar sein.

Berlin W, den 15. November 1907.

Zur Reform des Reichs- und Staats-angehörigkeitsgesetzes.

Begründung.

Unter allen zivilisierten Staaten der Welt war Preußen der erste, der den obligatorischen Militärdienst, das Volksheer, eingeführt hat. Von den Staaten des deutschen Bundes umgeben, die durchweg dem Stellvertretungssystem huldigten, lag für Preußen die Befürchtung nahe, daß seine Untertanen, um sich der Militärpflicht zu entziehen, in die umliegenden Bundesstaaten auswandern würden, um erst, nachdem das Lebensalter eine Einstellung in das Heer nicht mehr zuließ, in die Heimat zurückzukehren. Zum Schutze vor solcher Umgehung wurde in dem Indigenatsgesetze vom 31. Dezember 1842 der § 23 geschaffen, welcher festsetzte, daß preußische Untertanen, die ohne Erlaubnis nach dem Auslande auswanderten und nicht binnen 10 Jahren zurückkehrten, ihrer Eigenschaft als Preußen verlustig gingen. Der Verlust der Untertanenschaft, den Preußen auf diese Weise dekretierte, wurde aber von den andern Staaten, die sich eines solchen staatlosen Individuums entledigen wollten, nicht anerkannt; die Folge davon war, daß in den vierziger Jahren des vorigen Jahrhunderts es nicht nur zwischen den verschiedenen Bundesstaaten zu zahlreichen Streitigkeiten wegen staatloser Individuen kam, sondern daß diese letzteren selbst, unter der Bezeichnung „Schüblinge" bekannt, oft jahrelang ein nur zwischen Schubtransport und Gefängnishaft abwechselndes, elendes Dasein führten. Diesem Übelstande wurde endlich durch den Gothaer Vertrag vom 15. Juli 1851 abgeholfen.

Der § 1 besagte:

„Jede der kontrahierenden Regierungen verpflichtet sich

a) . . . .

b) ihre vormaligen Angehörigen (Untertanen), auch wenn sie die Untertanenschaft nach der inländischen Gesetzgebung verloren haben, solange, als sie nicht dem anderen Staate nach dessen eigener Gesetzgebung angehörig geworden sind, auf Verlangen des anderen Staates wieder zu übernehmen."

Als dann im Jahre 1868 Preußen nach Annektierung von Hannover, Hessen, Nassau, Frankfurt und Schleswig-Holstein sein Staatsangehörigkeitsgesetz einheitlich gestalten wollte, war in dem Gesetzentwurf, der dem Abgeordnetenhause in der Session 1868/69 vorgelegt wurde, die dem obengedachten § 23 entnommene gesetzliche Bestimmung des Verlustes der Staatsangehörigkeit durch Zeitablauf wieder enthalten.

Schon damals wurde von der liberalen Seite des Hauses eine solche Bestimmung nur für annehmbar erklärt, wenn der 10 jährige ununterbrochene Aufenthalt im Auslande mit der Erwerbung einer ausländischen Staatsangehörigkeit zusammenfiele.

Die Gesetzesvorlage scheiterte damals an dem Umstande, daß die liberale Partei die Worte „Preußischer Untertan" durch das Wort „Preuße" ersetzt wissen wollte und das Herrenhaus auf diese Änderung nicht einging.

Im Jahre 1870 wurde sodann im Reichstage des Norddeutschen Bundes ein neuer Entwurf eines Bundesangehörigkeitsgesetzes vorgelegt. Derselbe stimmte im wesentlichen mit dem früheren Entwurf von 1868/69 überein. Die liberale Partei wollte auch dieses Mal den Verlust der Staatsangehörigkeit durch Zeitablauf nur mit dem Zusatze der Erwerbung einer fremden Staatsangehörigkeit annehmen. Der Präsident des Bundeskanzleramtes erklärte jedoch im Namen der verbündeten Regierungen in der Sitzung vom 10. März 1870, daß, wenn die von der liberalen Partei vorgeschlagene Änderung aufrecht erhalten würde, das Zustandekommen des Gesetzes daran scheitern müßte. Daraufhin wurde von dem Abgeordneten von Puttkamer (Fraustadt) in der 3. Sitzung vom 20. März 1870 ein Zusatz zu dem § 21 des Gesetzes in Vorschlag gebracht, der jetzt den Absatz 5 des genannten Paragraphen bildet.

Der Präsident des Bundeskanzleramtes, Delbrück, äußerte sich damals, wie folgt:

„Nach der Vorlage der verbündeten Regierungen sollte ein Norddeutscher, welcher sich 10 Jahre ununterbrochen im Auslande aufgehalten hat, seine Staatsangehörigkeit dann verlieren, wenn er nicht in die Matrikel eines Bundeskonsuls eingetragen ist, oder sich nicht im Besitze eines Reisepapiers oder Heimatscheines befindet.

In der zweiten Lesung ist diese Bestimmung gestrichen. Ich habe den allergrößten Wert darauf zu legen, daß dieselbe durch Annahme des Antrags des Herrn Abgeordneten für Fraustadt wieder hergestellt werde.

Ich habe bei der zweiten Beratung mir erlaubt, auf die großen Unzuträglichkeiten hinzuweisen, welche sowohl in staatlichem Interesse als auch im Interesse der Beteiligten selbst hervorgehen können, vorausgesetzt, daß diese Fortdauer nicht durch Urkunden, sei das die Eintragung in die Matrikel, sei es der Besitz von Pässen oder Reisepapieren, konstatiert wird. Der Herr Abgeordnete für Fraustadt beabsichtigt mit seinem Amendement die Härte, welche in dieser Bestimmung gefunden werden kann, und welche vielleicht die Veranlassung gewesen ist, weshalb das Haus bei der zweiten Beratung sie gestrichen hat, zu mildern, indem er vorschlägt, daß ein Norddeutscher, auch wenn er durch Zeitablauf seine Staatsangehörigkeit verloren hat, sie auf seinen einfachen Antrag, wenn er zurückkehrt und sich in einem Bundesstaate niederläßt, wieder erlangen kann. Ich kann mich mit diesem Gedanken vollständig einverstanden erklären. Ich erkenne gern an, daß durch diesen Vorschlag eine nicht beabsichtigte Härte, die in der Vorlage der verbündeten Regierungen gefunden werden könnte, beseitigt ist.“

Abgeordneter Miquel erklärte hierauf namens seiner Partei seine Zustimmung zu dem Amendement unter folgender Begründung:

„Es handelt sich um die Frage, ob ein Deutscher, der im Auslande sich aufhält, wenn er eine fremde Staatsangehörigkeit nicht erworben hat, durch bloßen Zeitablauf seine Eigenschaft als Deutscher verlieren soll. Wir haben bis dahin hier im Abgeordnetenhause festgehalten, daß, gleich wie das bei den großen Nationen des Europäischen Kontinents überall gebräuchlich ist, auch bei uns die Nationalangehörigkeit nicht durch Zeitablauf soll verloren gehen können. Wenn nun aber gegenüber diesem von uns geltend gemachten Grundsatze die verbündeten Regierungen erklären, daß ihnen bei den von ihnen mehrfach entwickelten Verhältnissen und Gründen die strikte Durchführung eines solchen Satzes das Gesetz selbst unannehmbar machen, wenn andererseits allerdings nicht verkannt werden kann, daß durch die Möglichkeit der Unterbrechung dieses Zeitablaufs, welchen bereits die Vorlage gewährt, in Verbindung mit dem Amendement des Herrn von Puttkamer, welches den jederzeitigen Wiedererwerb — nach geschehener Rückkehr in die Heimat — der dortigen Staatsangehörigkeit sichert, wenn, sage ich, die Unzuträglichkeiten, welche aus dem Verlust durch Zeitablauf entspringen, unter diesen Voraussetzungen allerdings auf ein Minimum reduziert sind, und das Zustandekommen des Gesetzes davon abhängig ist, so befinde ich mich nur in der Lage, für das Amendement des Herrn von Puttkamer stimmen zu können."

Auf diese Weise ist der § 21 in der Fassung, wie er uns jetzt vorliegt, Gesetz geworden.

Wie verschiedene andere Gesetze aus der Epoche des Norddeutschen Bundes, ist auch das Staatsangehörigkeitsgesetz mit einer Eilfertigkeit zustande gekommen, die für seine spätere Anwendbarkeit und Deutung zu großen Schwierigkeiten Anlaß bot. Zuvörderst hat das Wort „Deutsche" ohne nähere Bezeichnung eine Unklarheit darüber geschaffen, ob nur volljährige, unbeschränkt geschäftsfähige, oder auch minderjährige, bezw. geschäftsunfähige, alleinstehende Deutsche gemeint seien. Das Reichsgericht hat sich in verschiedenen Entscheidungen für das Letztere ausgesprochen, während die Verwaltungspraxis der früheren preußischen Auslegung gemäß daran festhielt, daß nur volljährige und unbeschränkt geschäftsfähige Deutsche im Auslande ihrer Staatsangehörigkeit durch Zeitablauf verlustig gehen können (siehe Cahn, das Reichsgesetz über die Erwerbung und den Verlust der Reichs- und Staatsangehörigkeit vom 1. Juni 1870, 3. Aufl. 1908 S. 146 ff., Anm. 8 zu § 21).

Eine zweite Unklarheit bestand darin, daß eine einheitliche Meinung darüber nicht vorwaltete, wie das Wort „ununterbrochen" auszulegen sei. Die einen wollten die Frist nur durch die Rückkehr in die Heimat und einen bleibenden Aufenthalt daselbst unterbrochen wissen, während andere eine Unterbrechung schon als geschehen erachteten, wenn der im Auslande wohnhafte Deutsche sich während der 10jährigen Frist besuchsweise in seiner Heimat aufgehalten hat. Das Reichsgericht hat sich für die letztere Ansicht ausgesprochen, seine Entscheidung wird aber von der Judikatur noch nicht allgemein anerkannt. (Siehe Cahn, 3. Auflage, § 21 Anmerkung 5, S. 144.)

Die Überhastung, mit der man das Gesetz zum Abschluß brachte, geht auch aus dem 5. Absatz des § 21 hervor. In diesem Absatz war nicht, wie im Absatz 4, der Zusatz eingefügt „und keine andere Staatsangehörigkeit erworben hat". Infolgedessen mußte jedem Deutschen, der durch zehnjährigen Aufenthalt im Auslande seiner Staatsangehörigkeit verlustig gegangen war, auch wenn er eine ausländische Staatsangehörigkeit erworben hatte, bei Rückkehr in die Heimat die Aufnahme in demjenigen Bundesstaate gewährt werden, in dem er sich niederzulassen beliebte.

Es wäre also der Deutsche, der 10 Jahre im Auslande gewohnt, seine Staatsangehörigkeit verloren, außerdem eine fremde Staatsangehörigkeit erworben hat, bei seiner Rückkehr nach Deutschland für die Wiederaufnahme in einen deutschen Bundesstaat viel besser daran gewesen, als derjenige Deutsche, der das Reichsgebiet nie verlassen hat, und dem bei seinem Gesuche um Aufnahme in einen anderen Bundesstaat auf Grund des § 7 Schwierigkeiten gemacht werden können. Auf dieses Versehen ist schon von mir in der 1. Auflage meines Kommentars hingewiesen worden, und die Berechtigung der Ausstellung wurde von der Rechtsprechung seither durchweg anerkannt.

Es ist aber die Mangelhaftigkeit des Textes nicht allein, die den § 21 als änderungsbedürftig erkennen läßt. Die ganze gesetzliche Bestimmung, die im Anfang für das Königreich Preußen paßte, erweist sich als für das geeinigte Deutsche Reich nicht mehr geeignet und muß unter allen Umständen beseitigt werden. Ein großer Staat kann seine im Auslande wohnenden Angehörigen nicht stillschweigend von sich abschütteln, wenn sie nicht selbst aus eigener Initiative durch die Erwerbung einer ausländischen Staatsangehörigkeit den Wunsch zu erkennen geben, die staatsrechtliche Verbindung mit ihrer früheren Heimat zu lösen. Was nützt es denn, wenn das Deutsche Reich gesetzlich bestimmt, daß man durch den zehnjährigen unlegitimierten Aufenthalt im Auslande oder durch die Entlassung auf Antrag seine Staatsangehörigkeit verliere, wenn der Staat, in dem sich das betreffende Individuum aufhält, mit Recht erklärt: solange dasselbe nicht eine andere Staatsangehörigkeit erworben hat, ist es Deutscher und muß nach seiner Heimat wieder übernommen werden. (Siehe Cahn, 3. Aufl. S. 22 Anm. 6 Übernahmeverträge.)

Und wenn einem im Auslande wohnhaften Deutschen dortselbst irgend ein Schaden zugefügt worden ist, und der das Deutsche Reich vertretende gesandtschaftliche oder konsularische Beamte sich weigern würde, dem Geschädigten Schutz und Hilfe angedeihen zu lassen, weil dieser infolge der Auswanderung oder der Entlassung die deutsche Staatsangehörigkeit nicht mehr besitzt, würde dadurch das Ansehen des Reichs in den Augen des Auslandes nicht empfindlich geschädigt werden? Es könnten noch viele ähnliche Fälle angeführt werden, in denen das deutsche Konsulat im Auslande für die Interessen eines ehemaligen Deutschen eintreten muß, weil im Verweigerungsfall das Gesamtinteresse des Deutschen Reiches geschädigt würde (siehe Cahn, 3. Aufl. S. 155 Anm. 8a).

Mit der Beseitigung des § 21, für dessen Aufrechterhaltung sich wohl keine Stimme erheben dürfte, würde eine andere gesetzliche Ungeheuerlichkeit in Wegfall kommen müssen, ich meine den § 11 des Reichsmilitärgesetzes. Derselbe lautet:

„Personen, welche das Reichsgebiet verlassen, die Reichsangehörigkeit verloren, eine andere Staatsangehörigkeit aber nicht erworben oder wieder verloren haben, sind, wenn sie ihren dauernden Aufenthalt in Deutschland nehmen, gestellungspflichtig, und können nachträglich ausgehoben, jedoch im Frieden nicht über das vollendete 31. Lebensjahr hinaus im Dienst zurückgehalten werden.

Dasselbe gilt von den Söhnen ausgewanderter und wieder in das Deutsche Reich zurückgekehrter Personen, sofern die Söhne keine andere Staatsangehörigkeit erworben haben.

Die vorstehenden Bestimmungen finden auch Anwendung auf Ausgewanderte, welche zwar eine andere Staatsangehörigkeit erworben hatten, aber vor vollendetem 31. Lebensjahre wieder Reichsangehörige werden."

Wenn bei Beratung des Militärgesetzes vom 2. Mai 1874 der Präsident des Reichskanzleramtes behufs Annahme des § 11 durch den Reichstag sich dahin geäußert hat, die Absicht dieses Paragraphen sei lediglich die gewesen, das Privilegium der Heimatlosen (richtiger wäre gewesen der „Staatlosen"), welche keinem Staate untertan und deshalb auch der Militärpflicht keines Staates unterworfen sind, aufzuheben, so ist er den Beweis dafür schuldig geblieben, daß der in das Heer gestellte staatlose ehemalige Deutsche auch mit der Einstellung sofort wieder Deutscher wird. Es hätte zu diesem Behufe mit dem § 11 des Reichsmilitärgesetzes sofort ein neuer Zusatz dem Staatsangehörigkeitsgesetze beigefügt werden müssen, der besagte, daß ein solcher ehemaliger Deutsche oder der Sohn eines ehemaligen Deutschen mit der Einstellung in das Heer auch sofort wieder ohne sein Gesuch als Reichsangehöriger erachtet werden muß.

Das ist aber nicht der Fall gewesen. In dem Gesetz vom 1. Juni 1870, § 21 Absatz 5, ist die Wiedererwerbung der Staatsangehörigkeit ausdrücklich nur an die Einreichung eines dahinzielenden Antrags gebunden und hat der in das Heer eingestellte ehemalige Deutsche diesen Antrag nicht gestellt, so ist er nach dem Wortlaut des Gesetzes, obwohl er seiner Militärpflicht genügt, sogar nachdem er seine Militärpflicht erfüllt hat, immer noch Ausländer. Ob man einen solchen Ausländer wegen Fahnenflucht oder anderer militärischer Vergehen verfolgen kann, dürfte noch sehr fraglich sein. Außer aller Frage aber ist die Unrichtigkeit einer Entscheidung, die der II. Senat des Reichsmilitärgerichts am 5. Oktober 1904 getroffen hat. Dieser Senat hat nämlich den wesentlichen Unterschied zwischen Entlassung und Auswanderung unberücksichtigt gelassen und die Anwendung des § 11 auch auf diejenigen Personen erstreckt, die rechtswirksam aus der Staatsangehörigkeit entlassen und Ausländer geworden sind, ohne daß sie der Vergünstigung eines Wiedererwerbs teilhaftig werden können (siehe Cahn, 3. Aufl. S. 180 Anm. 34).

Und nun komme ich zu dem Kapitel der Entlassung auf Antrag, das ich ebenso wie den ganzen § 21 gestrichen wissen möchte.

Keiner der größeren Staaten kennt eine gesetzliche Bestimmung, durch welche seinen Staatsangehörigen der Weg geebnet wird, um aus seinem Staatsverband auszuscheiden, wenn er nicht vorher schon durch Erwerbung einer fremden Staatsangehörigkeit den Willen hierzu kund gegeben hat. Die gesetzgebende Behörde eines mächtigen Staates sollte niemals dem Gedanken Raum geben, daß ein diesem Reiche Angehöriger es nicht als höchsten Stolz empfinde, zu dessen Bürgern gezählt zu werden.

Aus welchem Grunde wird aber dem Deutschen zugemutet, seine Entlassung zu erwirken? Doch lediglich, um nach dem Auslande auswandern zu können. Die Auswanderungsfreiheit ist aber jedem Deutschen verfassungsmäßig gewährleistet, und nur der Wehrpflichtige, der ohne seiner Militärpflicht genügt zu haben, das Reichsgebiet verläßt, ist straffällig.

Zur Begründung der Entlassung auf Antrag wurde, seitdem die gesetzliche Bestimmung besteht, von den Verwaltungsbehörden stets behauptet, daß diese Bestimmung nicht sowohl zugunsten des Entlassenen, der dadurch seiner Pflichten gegen den Staat ledig werde, als auch zum Vorteile des Staates, der von den Verpflichtungen gegen den Staatsangehörigen befreit werde, eingeführt sei.

Dies stimmt insofern **nicht**, als Personen, die entlassen sind, und von der deutschen Behörde als Ausländer erachtet werden, auf Grund von Übernahmevereinbarungen oder sonstiger Anträge nach Deutschland wieder übernommen werden müssen, falls diese Personen nicht eine andere Staatsangehörigkeit erworben haben. Deutschland hat also in solchen Fällen gar keinen Nutzen davon, daß es seinem ehemaligen Staatsbürger eine Entlassungsurkunde aushändigte.

Ist aber andererseits die Entlassung für den Staatsangehörigen, der ins Ausland zieht, von irgend einem Nutzen? Dies muß ganz entschieden verneint werden (siehe darüber Cahn, 3. Aufl. S. 108 Anm. 4, S. 119 Anm. 6, S. 127 Anm. 1, S. 130 Anm. 3, S. 155 Anm. 8a, S. 180 Anm. 34).

Die Entlassungsurkunde erhält nur derjenige, der noch nicht wehrpflichtig ist oder seiner Wehrpflicht durch Gestellung bezw. durch Ableistung des Militärdienstes vollauf genügt hat. Geht ein solcher Deutscher ins Ausland, so ist er nur schlecht beraten, wenn er die Entlassung nachsucht und eine solche erwirkt. Da es nämlich keinen Staat in der Welt gibt, der ohne vorherige längere oder kürzere Niederlassung einem Ausländer die Naturalisation gewährt, so ist der im Auslande wohnhafte entlassene Deutsche während dieser Wartezeit staat-, recht- und schutzlos. Verheiratet sich ein solcher, so überträgt er seinen nur in der Negation der Rechte gipfelnden Personenstatus auf Ehefrau und Kinder. Wir haben also hier das Beispiel eines Mannes, der seine Pflichten gegen das Vaterland erfüllt hat, und der aus Unwissenheit und weil das vaterländische Gesetz die Hand dazu bietet, sich im Auslande in der mißlichsten politischen Lage befindet. Er kann diesem Zustande nur dadurch abhelfen, daß er später die ausländische Staatsangehörigkeit erwirbt, und so hat der Staat selbst seinen früheren Angehörigen dazu gedrängt, Untertan eines fremden Staates zu werden.

Von diesem Gesichtspunkte aus, den ich auch schon in der zweiten Auflage meines Kommentars berührt habe, geht auch eine neue Verfügung aus, die der Kgl. Preußische Minister des Innern am 20. November 1904 erlassen hat, und die wörtlich hier folgt:

> „Wie bei mir zur Sprache gebracht worden, soll es häufiger vorkommen, daß Personen, welche sich in das Ausland begeben, und sich zu diesem Zwecke mit Reise- oder Heimatpapieren versehen wollen, seitens der Lokalbehörden — namentlich von deren Bureaupersonal — geraten oder nahegelegt wird, um allen Unbequemlichkeiten — insbesondere in Bezug auf den

inländischen Militärdienst — aus dem Wege zu gehen, ihre Entlassung aus dem diesseitigen Staatsverbande zu beantragen.

Da es im Interesse des Deutschtums im Auslande erwünscht erscheint, daß die sich dort aufhaltenden Deutschen ihre Staatsangehörigkeit beibehalten, ersuche ich Euer Hochwohlgeboren ergebenst, gefl. dafür Sorge zu tragen, daß die fraglichen Behörden und ihr Personal sich nach der erwähnten Richtung jeder Einwirkung enthalten."

Mein ceterum censeo bei Neubearbeitung des Reichsangehörigkeitsgesetzes lautet also: der Verlust der Staatsangehörigkeit erstens durch Entlassung, zweitens durch zehnjährigen ununterbrochenen Aufenthalt im Auslande muß aus diesem Gesetz verschwinden.

Und nun kommen wir zu den einzelnen Paragraphen des Reichsangehörigkeitsgesetzes, die meines Erachtens einer Abänderung bedürfen.

Zu § 1.

Der gegenwärtige § 1 lautet:

„Die Reichsangehörigkeit wird durch die Staatsangehörigkeit in einem Bundesstaate erworben und erlischt mit deren Verlust."

Schon gegen die Beibehaltung des § 1 walten mancherlei Bedenken ob. Zuvörderst wird die Reichsangehörigkeit nicht durch die Staatsangehörigkeit in einem Bundesstaate erworben, sondern indem man Angehöriger eines Bundesstaates ist, besitzt man zu gleicher Zeit die Reichsangehörigkeit. Da die Reichsangehörigkeit also innig mit dem Besitze der Staatsangehörigkeit in einem Bundesstaate verknüpft ist, so muß folgerichtig mit dem Aufhören dieses Besitzes auch der Verlust der Reichsangehörigkeit verbunden sein. Es würde also des verneinenden Nachsatzes „und erlischt mit deren Verluste" gar nicht bedürfen. Sodann scheint eine Abänderung des § 1 schon um deswillen geboten, weil in demselben auch der neuen Art der unmittelbaren Erwerbung der Reichsangehörigkeit gedacht werden müßte. Außerdem würde die im Art. 5 des EG. zum BGB. enthaltene Bestimmung über die Gleichstellung Elsaß-Lothringens mit jedem andern Bundesstaate beizufügen sein. Auch würde es für das bessere Verständnis dieses Gesetzes nach meinem Dafürhalten zu empfehlen sein, wenn dasselbe an der Spitze die Worte trüge:

„Deutscher ist", denn aus dem Inhalte des § 1 ist nicht ersichtlich, daß es sich um Deutsche handelt. De lege ferenda schlage ich daher vor, dem § 1 folgende Fassung zu geben:

Deutscher ist:

1. jeder, der die Staatsangehörigkeit in einem deutschen Bundesstaate besitzt. Als Bundesstaat im Sinne des Gesetzes gilt auch das Reichsland Elsaß-Lothringen;
2. jeder, dem die Reichsangehörigkeit unmittelbar verliehen worden ist.

Zu § 2.

In dem bestehenden Gesetze ist zwischen Aufnahme und Naturalisation unterschieden. Die Aufnahme kann nur von Angehörigen eines Bundesstaates, die Naturalisation lediglich von Ausländern erwirkt werden. Es würde zweckmäßig sein, wenn die gesetzliche Bestimmung über die Aufnahme in einen Bundesstaat, welche doch im eigentlichen Sinne keine neue Verleihung, sondern auf der Basis der Reichsangehörigkeit für die Bundesstaatsangehörigen nur eine Umwanderung, für die unmittelbaren Reichsangehörigen aber eine nicht zu versagende Zuwanderung darstellt, gleich nach dem einleitenden § 1 ihren Platz fände. Die Erwerbung der Staatsangehörigkeit in einem anderen Bundesstaate würde ich aber lediglich davon abhängig machen, daß der Antragsteller einen Unterstützungswohnsitz daselbst erworben hat. Ein derartiger Vorschlag wurde schon bei Beratung des Norddeutschen Bundesgesetzes von dem Abgeordneten Schleiden als Amendement eingebracht. Er wurde nur deshalb abgelehnt, weil damals der Präsident des Bundeskanzleramtes mit Recht bemerkt hatte, daß durch Annahme eines solchen Amendements der Bundesangehörige schlechter gestellt wäre als der Ausländer, denn der Bundesangehörige würde auf diese Art erst nach zweijähriger Niederlassungsfrist die Aufnahme in einen anderen Bundesstaat erwerben können, während für den Ausländer behufs Erwerbung der Naturalisation eine Niederlassungsfrist durch das Gesetz überhaupt nicht vorgesehen ist. Wenn jedoch, wie ich bereits in der dritten Auflage meines Kommentars vorgeschlagen habe, die Naturalisation der Ausländer in Deutschland nach dem Beispiel aller ausländischen Staaten von einer vorherigen mindestens fünfjährigen Niederlassungsfrist gesetzlich abhängig gemacht würde, so wäre der seiner Zeit erhobene Einwand des Präsidenten Delbrück gegenstandslos. Durch die Bedingung des vorher erworbenen Unterstützungswohnsitzes würde auch der Zusatz in dem § 7 des gegenwärtigen Gesetzes „sofern kein Grund vorliegt, welcher nach den §§ 2—5 des Gesetzes über die Freizügigkeit vom 1. November 1867 die Abweisung eines Neuanziehenden oder die Versagung der Fortsetzung des Aufenthaltes rechtfertigt" ohne Nachteil beseitigt werden können, da die Erwerbung des Unterstützungswohnsitzes die nötige Bürgschaft für die Aufnahme in einen anderen Bundesstaat bietet. Zur Beseitigung dieses Zusatzes dürfte aber umsomehr Anlaß vorliegen, als für die Auslegung des § 3 Abs. 2 des Freizügigkeitsgesetzes, auf den in diesem Zusatze Bezug genommen ist, auch heute, obwohl es seit 37 Jahren in ganz Deutschland in Kraft ist, eine Einigung zwischen den Norddeutschen und Süddeutschen Staaten noch nicht erzielt worden ist (siehe Cahn, 3. Aufl. S. 58 ff. Anm. 12 d).

Als empfehlenswert würde es mir außerdem erscheinen, daß in dem Paragraphen eine Bestimmung vorgesehen würde, wonach die bisherige Staatsangehörigkeit erlischt, sobald eine andere Bundesstaatsangehörigkeit an deren Stelle getreten ist. Durch diese Bestimmung, die eine besondere Entlassung aus der bisherigen Staatsangehörigkeit überflüssig macht, ferner die ganz nutzlose Angehörigkeit zu mehreren Bundesstaaten ausschließt, würden Kollisionen besonders in Armenrechtssachen verhütet werden.

Für die unmittelbaren Reichsangehörigen, die in das Reichsgebiet einwandern, müßte aber gesondert bestimmt werden, daß diesen unter allen Umständen auf ihren Antrag die Aufnahme in denjenigen Bundesstaat gewährt werden muß, woselbst sie sich niedergelassen haben. Über die Gründe hierzu siehe Cahn, 3. Aufl., S. 51 Anm. 5.

Die von mir de lege ferenda vorgeschlagene Fassung eines neuen § 2, der den § 7 des gegenwärtigen Gesetzes ersetzen soll, würde nach meinem Dafürhalten zweckmäßig folgendermaßen lauten:

> Einem Deutschen, der die Staatsangehörigkeit in einem Bundesstaate besitzt, kann in einem anderen Bundesstaate auf sein Gesuch die Aufnahme nicht verweigert werden, sofern er daselbst einen Unterstützungswohnsitz erworben hat. Mit der Erteilung einer neuen Bundesstaatsangehörigkeit erlischt ohne weiteres die bisherige.
>
> Einem Deutschen, dem die Reichsangehörigkeit unmittelbar verliehen worden ist, muß bei seiner Einwanderung in das Reichsgebiet auf sein Gesuch die Aufnahme in demjenigen Bundesstaat erteilt werden, in welchem er sich niedergelassen hat.

Zu § 3.

Der § 2 des gegenwärtigen Gesetzes lautet:

„Die Staatsangehörigkeit in einem Bundesstaate wird fortan nur begründet

1. durch Abstammung (§ 3),
2. durch Legitimation (§ 4),
3. durch Verheiratung (§ 5),
4. für einen Deutschen durch Aufenthalt und } §§ 6 u. ff.
5. für einen Ausländer durch Naturalisation }

Die Adoption hat für sich allein diese Wirkung nicht."

Dieser Paragraph muß schon um deswillen umgeändert werden, weil wir es im jetzigen Stadium nicht mehr mit der Staatsangehörigkeit allein, sondern auch mit einer unmittelbar verliehenen Reichsangehörigkeit zu tun haben. Der Satz „Die Staatsangehörigkeit in einem Bundesstaate wird fortan nur begründet" müßte demnach jetzt heißen: „Die Staatsangehörigkeit in einem Bundesstaat, bezw. die Reichsangehörigkeit werden fortan usw." Die Reichsangehörigkeit würde hier, da sie nur eine Ausnahme bildet, an die zweite Stelle zu setzen sein, was eigentlich dem ganzen Aufbau des Gesetzes, das die Reichsangehörigkeit als das Höhere, das Ganze Umfassende betrachtet, zuwider wäre. Ich glaube diesem Dilemma dadurch zu entgehen, daß ich den Eingang des Paragraphen folgendermaßen fasse: „die Eigenschaft eines Deutschen wird erworben".

In dem Gesetzentwurf der verbündeten Regierungen hieß es anfänglich unter 4 „durch Verleihung". Infolge eines Amendements der Abgeordneten Gumprecht und Prosch wurden die Worte „durch Verleihung" der besseren Unterscheidung wegen in „Aufnahme" und „Naturalisation" umgeändert. Nachdem ich in § 2 meines Entwurfes der Aufnahme in einen anderen Bundesstaat für die Bundesangehörigen und der Neuaufnahme in einen Bundesstaat für die Reichsangehörigen schon gedacht habe, bedarf es in diesem Paragraphen nur der Erwähnung der an Ausländer zu verleihenden Staats- bezw. Reichsangehörigkeit. Ich glaube deshalb die ursprüngliche Fassung der verbündeten Regierungen „durch Verleihung" wieder aufnehmen zu sollen.

Der in dem gegenwärtigen § 2 enthaltene Schlußsatz über die Adoption ist als überflüssig beseitigt worden.

Der de lege ferenda von mir vorgeschlagene § 3 lautet also:

Die Eigenschaft eines Deutschen wird erworben:

1. durch Abstammung (§ 4),

2. durch Legitimation (§ 5),
3. durch Verheiratung (§ 6),
4. durch Verleihung (§ 7 ff.)

Zu §§ 4, 5, 6. (§§ 3, 4, 5 des bestehenden Gesetzes.)

Dem Worte „Staatsangehörigkeit" in den erwähnten Paragraphen sind jetzt überall wegen der unmittelbaren Reichsangehörigkeit die Worte: „bezw. Reichsangehörigkeit" beizufügen.

Die genannten Paragraphen würden demnach lauten:

§ 4 (§ 3).

Durch die Geburt, auch wenn diese im Auslande erfolgt, erwerben eheliche Kinder eines Deutschen die Staats- bezw. Reichsangehörigkeit des Vaters, uneheliche Kinder einer Deutschen die Staats- bezw. Reichsangehörigkeit der Mutter.

§ 5 (§ 4).

Ist der Vater eines unehelichen Kindes ein Deutscher und besitzt die Mutter nicht die Staats- bezw. Reichsangehörigkeit des Vaters, so erwirbt das Kind durch eine den gesetzlichen Bestimmungen gemäß erfolgte Legitimation die Staats- bezw. Reichsangehörigkeit des Vaters.

§ 6 (§ 5).

Durch die Verheiratung mit einem Deutschen erwirbt die Ehefrau die Staats- bezw. Reichsangehörigkeit des Mannes.

Zu § 7.

Auch der § 6 des gegenwärtigen Gesetzes, welcher lautet:

„Die Aufnahme sowie die Naturalisation erfolgt durch eine von der höheren Verwaltungsbehörde ausgefertigte Urkunde"

muß mit Rücksicht darauf eine andere Fassung erhalten, daß die Aufnahme in einen anderen Bundesstaat bereits in § 2 meines Entwurfes geregelt ist, und daß außer der Verleihung der Staatsangehörigkeit an Ausländer auch der Verleihung der unmittelbaren Reichsangehörigkeit Erwähnung geschehen muß.

Der Wortlaut des von mir abgeänderten Paragraphen ist sonach:

§ 7.

Die Verleihung der Staatsangehörigkeit erfolgt durch eine von der höheren Verwaltungsbehörde oder, wenn es sich um die Verleihung der Reichsangehörigkeit handelt, durch eine von dem Reichskanzler oder einem von ihm beauftragten Beamten ausgefertigte Urkunde (§§ 8 ff.).

Der § 7 des gegenwärtigen Gesetzes, der von der Aufnahme der Reichsangehörigen in einen anderen Bundesstaat handelt, ist in dem § 2 des von mir vorgeschlagenen Entwurfes in geänderter Fassung enthalten.

Zu § 8.

Außer dem Deutschen Reiche gibt es keinen Staat in der zivilisierten Welt, der einem Ausländer die Naturalisation verleiht, ohne daß er sich einen gewissen Zeitraum (nirgends unter zwei Jahren) im Inlande niedergelassen habe. (Siehe Cahn, 3. Aufl., S. 80). Das Reichsgesetz hat in seinem § 8 die Verleihung der Staatsangehörigkeit an Ausländer an eine derartige Bedingung nicht geknüpft; aus dem Inhalt des gedachten Paragraphen, wo von einem „niederlassen wollen" die Rede ist, kann sogar gefolgert werden, daß ein Ausländer, auch wenn er sich noch gar nicht in Deutschland niedergelassen hat, naturalisiert werden kann. Es ist nicht ersichtlich, warum das Deutsche Reich unter allen Staaten der einzige sein soll, der den Ausländer ohne weiteres als Staatsbürger bei sich aufnimmt. Es erscheint daher schon mit Rücksicht auf eine gleiche Bewertung des Deutschen Reiches mit andern Staaten durchaus geboten, daß man der Naturalisation eines Ausländers in Deutschland erst dann näher tritt, wenn er sich mindestens 5 Jahre daselbst aufgehalten hat.

Aber auch andere Gründe sprechen für die Festsetzung einer Niederlassungsfrist, so namentlich der, daß es bisher der über das Naturalisationsgesetz entscheidenden Behörde nicht leicht war, sich über die persönlichen Verhältnisse des Antragstellers hinreichend zu unterrichten. Es kam daher nicht selten vor, daß Naturalisationen auf Grund von Dokumenten und Angaben gewährt wurden, die sich später als falsch erwiesen. Eine Nichtigkeitserklärung der einmal erteilten Naturalisationsurkunde ist aber gesetzlich nicht vorgesehen. Bei längerem vorherigen Aufenthalt des Antragstellers läuft die über das Gesuch entscheidende Behörde kaum Gefahr, daß sie über dessen persönliche Verhältnisse getäuscht werde. (Siehe Cahn, 3. Aufl., S. 77 Anm. 17.) Daß man bei Personen, die sich in irgend welcher Hinsicht auszeichnen und ihre Naturalisation in Deutschland nachsuchen, von einer vorherigen Niederlassungsfrist absehen kann, ist in der von mir vorgeschlagenen Fassung berücksichtigt worden. Dieselbe lautet:

§ 8.

Einem im Reichsgebiet wohnhaften Ausländer darf die Staatsangehörigkeit in einem Bundesstaate nur dann verliehen werden, wenn er:

1. nach den Gesetzen seiner bisherigen Heimat unbeschränkt geschäftsfähig ist, es sei denn, daß der Mangel der unbeschränkten Geschäftsfähigkeit durch die Zustimmung des gesetzlichen Vertreters des Aufzunehmenden ergänzt wird;
2. sich vor Erwirkung der Staatsangehörigkeit in dem Bundesstaate seiner Niederlassung mindestens 5 Jahre aufgehalten hat;
3. während dieser Zeit einen unbescholtenen Lebenswandel geführt hat und
4. den Nachweis erbringt, daß er an dem Orte seiner bisherigen Niederlassung nach den daselbst bestehenden Verhältnissen sich und seine Angehörigen zu ernähren imstande ist.

Vor Verleihung der Staatsangehörigkeit hat die höhere Verwaltungsbehörde die Gemeinde bezw. den Armenverband desjenigen Ortes, wo der Aufzunehmende sich niedergelassen hat, in Beziehung auf die Erfordernisse unter 3 und 4 mit ihrer Erklärung zu hören.

Wenn der um die Staatsangehörigkeit nachsuchende Ausländer sich in wissenschaftlicher, technischer oder industrieller Hinsicht so auszeichnet, daß von ihm für das Reich die Leistung wichtiger Dienste erwartet werden darf, so kann von einer zeitlich begrenzten Niederlassung ganz oder teilweise abgesehen werden.

Zu § 9.

Es muß nunmehr in einem besonderen Gesetzesparagraphen der Verleihung der Reichsangehörigkeit an die im Schutzgebiete wohnhaften Personen sowie an die Eingeborenen daselbst gedacht werden. Die Fassung entspricht dem Wortlaute des § 9 des Reichsgesetzes betreffend die Rechtsverhältnisse der Deutschen Schutzgebiete vom 10. September 1900.

Dieser Paragraph lautet:

„Ausländern, welche in den Schutzgebieten sich niederlassen, sowie Eingeborenen kann durch Naturalisation die Reichsangehörigkeit von dem Reichskanzler verliehen werden. Der Reichskanzler ist ermächtigt, diese Befugnis einem andern kaiserlichen Beamten zu übertragen."

In Anbetracht dessen, daß den in Deutschland wohnhaften Ausländern die Verleihung der Staatsangehörigkeit in einem Bundesstaate nach meinem Vorschlage erst dann zu gewähren sein dürfte, wenn die Antragsteller nachweisen, daß seit ihrer Niederlassung dortselbst bereits ein Zeitraum von 5 Jahren verstrichen ist, würde auch den in den Schutzgebieten wohnhaften Ausländern die Bedingung einer fünfjährigen Niederlassungsfrist zu stellen sein. Hiernach wäre der Wortlaut, wie folgt, umzuändern:

§ 9.

Einem in den Schutzgebieten wohnhaften Ausländer, der um die Reichsangehörigkeit nachsucht und nachweist, daß seit seiner Niederlassung daselbst ein Zeitraum von mindestens 5 Jahren verflossen ist, sowie den in den Schutzgebieten seßhaften Eingeborenen kann die Reichsangehörigkeit von dem Reichskanzler oder einem von ihm beauftragten Beamten verliehen werden.

Zu den §§ 10, 11, 12.

Bevor ich zur Erwerbung der Staatsangehörigkeit durch Anstellung übergehe, möchte ich auf zwei Bestimmungen aufmerksam machen, die in den Indigenatsgesetzgebungen fast aller Staaten vorgesehen sind; ich meine die Verleihung der Staatsangehörigkeit

1. an Findelkinder,
2. an die im Inlande geborenen Kinder eines daselbst wohnhaften Ausländers.

Was den ersten Fall betrifft, so werden Findelkinder oder nach der Terminologie des BGB. Kinder, deren Familienstand unbekannt ist, nach fast allgemein anerkanntem Rechtsgrundsatze als Angehörige desjenigen Staates erachtet, in dessen Gebiete sie aufgefunden worden sind.

Der zweiten Frage, der Verleihung der Staatsangehörigkeit an die in Deutschland geborenen Kinder eines daselbst wohnhaften Ausländers — also der den volljährigen Kindern eines Ausländers zu gebenden Möglichkeit, für die Staatsangehörigkeit ihres Geburtslandes zu optieren — ist Deutschland bis jetzt noch nicht näher getreten. Ich habe diese Frage in der dritten Auflage meines Kommentars § 12 S. 104 Anm. 1 ausführlich behandelt und bin zu dem Ergebnis gekommen, daß, wie in den meisten Staaten, man auch in Deutschland Vorkehrungen dagegen treffen müßte, daß Kinder eines in Deutschland wohnhaften Ausländers auf Generationen hinaus sich der Rechte der Insassen erfreuen, ohne sich den diesen obliegenden Pflichten unterziehen zu müssen.

Hinsichtlich dieser Kinder habe ich jedoch geglaubt, zwei Kategorien aufstellen zu müssen. Für die erstere würden in Betracht kommen die in Deutschland geborenen Kinder eines daselbst wohnhaften, mit einer Deutschen verehelichten Ausländers, und zwar sollte diesen Kindern die Möglichkeit gegeben werden, in dem Jahre nach erreichter Volljährigkeit für die Angehörigkeit desjenigen Bundesstaates zu optieren, in dem sie geboren sind.

Die zweite Kategorie würde sich auf diejenigen Kinder beziehen, deren Eltern, Ausländer, selbst schon in Deutschland geboren sind. Diese würden nach erreichter Volljährigkeit als Deutsche betrachtet werden, sofern sie nicht den Nachweis erbringen, daß sie noch die Staatsangehörigkeit ihrer Eltern besitzen. Die §§ 10, 11, 12 würden hiernach folgende Fassung haben:

§ 10.

Kinder, deren Familienstand unbekannt ist (Findelkinder), erwerben in demjenigen Bundesstaate die Staatsangehörigkeit, in dem sie aufgefunden worden sind.

§ 11.

Die im Reichsgebiet geborenen Kinder eines daselbst wohnhaften, mit einer Deutschen verehelichten Ausländers, können in dem Jahre der erreichten Volljährigkeit die Verleihung der Staatsangehörigkeit in dem Bundesstaate ihrer Geburt nachsuchen. Dieselbe kann ihnen von der höheren Verwaltungsbehörde nicht verweigert werden, wenn die in § 8 Ziff. 3 und 4 aufgestellten Bedingungen erfüllt sind.

§ 12.

Die im Reichsgebiet geborenen Kinder eines daselbst wohnhaften Ausländers, der selbst schon im Reichsgebiet geboren ist, gelten mit erreichter Volljährigkeit als Angehörige des Bundesstaates ihrer Geburt, sofern nicht ein amtlicher Nachweis erbracht wird, daß sie sich noch im Besitze der Staatsangehörigkeit ihrer Eltern befinden.

Zu § 13.

In der Fassung des § 13 (§ 9 des jetzigen Gesetzes) hielt ich es für angezeigt, dem Worte „Schuldienst" das Beiwort „öffentlich" voran zu stellen, und zwar weil häufig angenommen wird, daß Privatinstitute, denen die Ermächtigung zur Prüfung Einjährig-Freiwilliger erteilt worden ist, gleichsam der Charakter einer öffentlichen Schule beiwohne. Daß unter „öffentlicher Schule" auch jede konfessionelle Volksschule verstanden wird, ist von den Verwaltungsbehörden verschiedener Bundesstaaten als zweifellos anerkannt worden. (Siehe Cahn, 3. Aufl., S. 89 Anm. 11.)

Der Paragraph lautet also:

§ 13.

Eine von der Regierung oder von einer Zentral- oder höheren Verwaltungsbehörde eines Bundesstaates vollzogene oder bestätigte Bestallung für einen in den unmittelbaren oder mittelbaren Staatsdienst oder in den Kirchen-, Kommunal- oder öffentlichen Schuldienst aufgenommenen Ausländer oder Angehörigen eines andern Bundesstaates vertritt die Stelle der Verleihungsurkunde, sofern nicht ein entgegenstehender Vorbehalt in der Bestallung ausgedrückt wird.

Ist die Anstellung eines Ausländers im Reichsdienst erfolgt, so erwirbt der Angestellte die Staatsangehörigkeit in demjenigen Bundesstaate, in welchem er seinen dienstlichen Wohnsitz hat.

Zu § 14.

Bei der Anstellung im Reichsdienste wird in Abs. 2 des § 9 des gegenwärtigen Gesetzes nur von Ausländern gesprochen, die in einem der Bundesstaaten ihren Wohnsitz haben. Dagegen geschieht derjenigen Ausländer keine Erwähnung, die im Reichsdienste angestellt sind, deren dienstlicher Wohnsitz aber sich im Auslande befindet. Diese Ausländer konnten die Reichsangehörigkeit nicht erlangen, weil dies im Gesetz, wie vorher bemerkt, nicht vorgesehen war; sie konnten aber auch die Naturalisation nicht erwirken, weil es hierzu einer Niederlassung im Reichsgebiet bedurft hätte. Da aber nach dem § 34 des Reichsbeamtengesetzes vom 31. März 1873 nur diejenigen Reichsbeamten einen Anspruch auf Pension haben, welche im Besitz der Reichsangehörigkeit sind, so wurde, um den im Auslande ständig wohnhaften Reichsbeamten gerecht zu werden, das Reichsgesetz vom 20. Dezember 1875 geschaffen. Dasselbe lautet:

> „Ausländern, welche im Reichsdienst angestellt sind, ein Diensteinkommen aus der Reichskasse beziehen, und ihren dienstlichen Wohnsitz im Auslande haben, darf von demjenigen Bundesstaate, in welchem sie die Verleihung der Staatsangehörigkeit nachsuchen, die Naturalisationsurkunde nicht versagt werden."

Dieses Gesetz in der vorliegenden Fassung bestehen zu lassen, liegt jetzt kein Anlaß mehr vor. Die im Auslande wohnhaften Reichsbeamten konnten bisher nur über den Umweg der Erwerbung einer Bundesstaatsangehörigkeit reichsangehörig werden. Da aber jetzt eine unmittelbare Reichsangehörigkeit geschaffen ist, liegt kein Grund vor, weshalb nicht auch diesen Ausländern die unmittelbare Reichsangehörigkeit verliehen werden sollte.

Ich habe es indessen für richtig erachtet, diesen Fall der Erwerbung der Reichsangehörigkeit, der sich von den übrigen, im § 13 vorgesehenen Fällen wesentlich unterscheidet, in einem besonderen Paragraphen zu behandeln.

Derselbe lautet:

§ 14.

Ausländer, welche im Reichsdienst angestellt sind, ein Diensteinkommen aus der Reichskasse beziehen und ihren dienstlichen Wohnsitz im Auslande haben, wird auf ihren Antrag die Reichsangehörigkeit von dem Reichskanzler oder dem von ihm beauftragten Beamten verliehen.

Bei etwaiger Niederlassung eines solchen Reichsangehörigen im Reichsgebiet muß diesem auf seinen Antrag die Staatsangehörigkeit in dem von ihm als Wohnsitz gewählten Bundesstaate verliehen werden.

Zu § 15.

Derselbe entspricht im wesentlichen dem § 10 des gegenwärtigen Gesetzes, in welchem nur die Anfangsworte „die Naturalisationsurkunde bezw. Aufnahmeurkunde" in „Verleihungsurkunde" umgeändert sind. Er lautet:

§ 15.

Die Verleihungsurkunde begründet mit dem Zeitpunkte der Aushändigung alle mit der Staats- bezw. Reichsangehörigkeit verbundenen Rechte und Pflichten.

Zu § 16.

Auch hier mußten, da es jetzt eine unmittelbare Reichsangehörigkeit gibt, dem Worte „Staatsangehörigkeit" die Worte „bezw. Reichsangehörigkeit" beigefügt werden.

Ferner mußte die Fassung des gegenwärtigen Gesetzes, dem Art. 41 EG. zum BGB. gemäß, entsprechend abgeändert werden. Der Paragraph lautet:

§ 16.

Die Verleihung der Staats- bezw. Reichsangehörigkeit erstreckt sich, insofern nicht dabei eine Ausnahme gemacht wird, zugleich auf die Ehefrau und auf diejenigen minderjährigen Kinder, deren gesetzliche Vertretung dem Aufgenommenen kraft elterlicher Gewalt zusteht. Ausgenommen sind Töchter, die verheiratet sind oder verheiratet gewesen sind.

Zu § 17.

So wie in § 2 des gegenwärtigen Gesetzes (§ 3 meines Entwurfs) bei Aufzählung der Erwerbungsarten die durch die Familie bedingten vorangestellt werden, so dürfte auch bei Aufzählung der Gründe, durch welche die Staats- bezw. Reichsangehörigkeit verloren geht, dieselbe Reihenfolge in Anwendung kommen.

Ich glaube indessen, in einem besonderen Paragraphen der von Geburt deutschen Witwen oder geschiedenen Ehefrauen von Ausländern die Möglichkeit eines Wiedererwerbs der Staatsangehörigkeit zugestehen zu müssen.

Bereits in der allgemeinen Bemerkung ist des Näheren ausgeführt worden, daß es eine Verbesserung des Gesetzes darstellen würde, wenn der ganze Abschnitt, der von dem Verlust der Staatsangehörigkeit durch Entlassung auf Antrag handelt, zugleich mit dem Paragraphen, der den Verlust der Staatsangehörigkeit durch Zeitablauf zum Gegenstand hat, in Wegfall käme. Infolgedessen habe ich de lege ferenda die §§ 14—19 sowie den § 21 des gegenwärtigen Gesetzes gestrichen.

Mit Rücksicht jedoch darauf, daß es Staaten gibt, die dem in ihrem Gebiet geborenen Kinde eines Ausländers ohne weiteres die Staatsangehörigkeit verleihen (England, Vereinigte Staaten, Südamerikanische Staaten), so mußte dem, der auf diese Art wider seinen Willen Ausländer geworden ist, die Möglichkeit gewahrt bleiben, sich sein Deutschtum zu erhalten, was durch Immatrikulierung bei einem deutschen Konsularbeamten erreicht werden könnte.

Der Paragraph lautet also:

§ 17.

Die Eigenschaft eines Deutschen geht verloren:

1. durch die den gesetzlichen Bestimmungen gemäß erfolgte Legitimation eines unehelichen Kindes, wenn der Vater Ausländer ist,
2. durch Verheiratung einer Deutschen mit einem Ausländer (§ 18);
3. durch die Erwerbung einer ausländischen Staatsangehörigkeit (§§ 19, 20 und 23);
4. durch Ausspruch der Behörde (§§ 21 und 22).

Zu § 18.

Für eine Inländerin, die durch die Verehelichung mit einem Ausländer Ausländerin geworden ist, haben die meisten ausländischen Staaten Sorge getragen, daß ihr, wenn die Ehe aufgelöst ist, die frühere Staatsangehörigkeit wieder verliehen werde, falls sie auch nach der Heirat immer in ihrem Geburtslande geblieben ist, oder nach Auflösung der Ehe dorthin zurückkehrt. Von allen Staaten zuerst war es Frankreich, das in Art. 19 Code civil Abs. 1 und 2 bestimmte:

„La femme française qui épouse un étranger suit la condition de son mari . . . . . .

Si son mariage est dissous par la mort du mari ou le divorce elle recouvre la qualité de Française avec l'autorisation du gouvèrnement pourvu qu'elle réside en France ou qu'elle y rentre en déclarant qu'elle veut s'y fixer."

Eine große Anzahl europäischer Staaten folgte diesem französischen Grundsatze, der aus dem stolzen Gefühle entsprang, daß die Inländerin, die durch die Ehe mit einem Ausländer ihrer Staatsangehörigkeit verlustig gegangen ist, nach Auflösung der Ehe nichts sehnlicher wünscht, als ihre ursprüngliche Staatsangehörigkeit wieder zu erwerben. Frankreich hat auch in dem Gesetze vom 26. Juni 1889 bestimmt, daß mit dem Wiedererwerb der Staatsangehörigkeit der Witwe auf ihren Antrag auch die Verleihung der Staatsangehörigkeit an ihre minderjährigen Kinder erfolgt. Der Abs. 3 des Art. 19 lautet:

„Dans le cas ou le mariage est dissous par la mort du mari la qualité de Française peut être accordée par le même décret de réintégration aux enfants mineurs sur la demande de la mère ou par un décret ultérieur, si la demande en est faite par le tuteur avec l'approbation du conseil de famille."

In seiner Naturalisationsakte vom 12. Mai 1870 Sektion 10 Abs. 2 und 4 hat Großbritannien eine der französischen ähnliche gesetzliche Bestimmung erlassen. Dieselbe lautet:

„2. Eine Witwe, die als britische Untertanin geboren, aber infolge ihrer Heirat Ausländerin geworden ist, gilt als Statutarausländerin und kann als solche zu jeder Zeit, solange sie Witwe ist, in der durch dieses Gesetz bestimmten Weise eine Urkunde der Wiederaufnahme in die britische Staatsangehörigkeit erwirken.

4. Jedes Kind, dessen Vater oder verwitwete Mutter eine Wiederaufnahmeurkunde in die britische Staatsangehörigkeit erhalten hat und welches seit seiner Kindheit in den britischen Besitzungen ansässig ist, gilt in jeder Hinsicht als wieder aufgenommener britischer Untertan."

In den Vereinigten, sowie in den Südamerikanischen Staaten sind in den bezüglichen Verfassungen gleiche Bestimmungen enthalten.

Es ist nun die Frage, ob de lege ferenda auch für Deutschland eine gesetzliche Bestimmung getroffen werden soll, daß der von Geburt deutschen Witwe oder geschiedenen Ehefrau eines Ausländers auf ihren Antrag die Staatsangehörigkeit für sich und ihre minderjährigen Kinder wieder verliehen werden soll.

Die Lösung der Frage stellt sich für Deutschland insbesondere wegen der minderjährigen Kinder als eine viel schwierigere dar, als in Frankreich oder England und zwar, weil in Frankreich und den dem französischen Rechtsprinzip huldigenden Staaten das jus optionis, in England das jus soli die Naturalisation der Kinder erleichtert. In Deutschland, wo es für den volljährigen, im Reichsgebiet geborenen Sohn des Ausländers keine Option gibt, auch der im Reichsgebiet geborene Sohn des Ausländers nicht ohne weiteres, weil im Inlande geboren, als Inländer betrachtet wird, fragt es sich allerdings, soll eine von Geburt deutsche Witwe eines Ausländers allein, mit Ausschluß ihrer minderjährigen Kinder, die Staatsangehörigkeit wieder erwerben oder sollen letztere auf Antrag der Witwe bezw. der gesetzlichen Vertreter der Staatsangehörigkeit der Mutter teilhaftig werden?

Ich würde es für richtig halten, daß auch deutscherseits Vorkehrung getroffen würde, daß einer solchen Witwe oder geschiedenen Ehefrau der Wiedererwerb der Staatsangehörigkeit ohne Weiteres zugestanden werde, jedoch würde es nach meinem Erachten nützlich sein, daß der von der Behörde zu gewährende Wiedererwerb davon abhängig gemacht werde, ob die von Geburt deutsche Witwe oder geschiedene Ehefrau eines Ausländers mit ihren Kindern während der Ehe im Auslande gelebt oder im Reichsgebiet sich aufgehalten hat. In ersterem Falle würde ich den obligatorischen Wiedererwerb der Staatsangehörigkeit seitens der Witwe und ihrer Kinder ausschließen und zwar aus folgenden Gründen:

Hat die betreffende Witwe während der Ehe immer im Auslande gelebt und sind deren Kinder im Auslande geboren, so würde eine Verleihung der deutschen Staatsangehörigkeit an die Witwe allein eine Rechtsverschiedenheit innerhalb der Familie herbeiführen, die Verleihung der Staatsangehörigkeit an die Kinder aber von der ausländischen Behörde nicht anerkannt werden und zu Rechtskollisionen führen.

Anders liegt der Fall, wenn die von Geburt deutsche Witwe eines Ausländers immer in Deutschland gelebt hat, ihre Kinder daselbst geboren sind, das Ausland von deren Existenz aller Wahrscheinlichkeit nach nichts weiß, und es überdies hart erscheinen würde, eine von Geburt Deutsche, die ihr Vaterland nie verlassen hat, nach Auflösung der Ehe mit ihren minderjährigen Kindern an das Ausland zu verweisen.

Der Paragraph würde demnach lauten:

§ 18.

Hat eine Deutsche durch Verheiratung mit einem Ausländer ihre ursprüngliche Staatsangehörigkeit verloren, das Reichsgebiet aber nicht verlassen, so muß ihr, wenn ihre Ehe aufgelöst ist, für sich und ihre minderjährigen Kinder auf ihren Antrag die deutsche Reichs- bezw. Staatsangehörigkeit verliehen werden, ohne daß von ihr die Erfüllung der in den §§ 8 und 9 unter Ziff. 2—4 aufgestellten Bedingungen verlangt werden kann.

Zu § 19.

Mit Ausnahme des in § 17 Ziff. 1 und 2 durch eine Änderung im Personenstande herbeigeführten Verlustes der Staatsangehörigkeit ist die Erwerbung einer ausländischen Staatsangehörigkeit die einzige von allen Staaten anerkannte Handlung, durch die der Verlust der bisherigen Staatsangehörigkeit als begründet erachtet wird.

Um der Meinung zu begegnen, daß auch der minderjährige, geschäftsunfähige, im Auslande wohnhafte Deutsche durch die Erwerbung einer ausländischen, seiner bisherigen Staatsangehörigkeit verlustig gehen könne, wie dies im § 21 des bestehenden Gesetzes infolge richterlicher Entscheidungen geschehen ist, habe ich in der von mir vorgeschlagenen Fassung die Worte eingefügt: „oder im Falle der Geschäftsunfähigkeit auf den Antrag seines gesetzlichen Vertreters.“

Der Paragraph lautet:

§ 19.

Der im Auslande wohnhafte Deutsche verliert seine Staatsangehörigkeit, wenn er auf seinen Antrag oder im Falle der Geschäftsunfähigkeit auf den Antrag seines gesetzlichen Vertreters eine ausländische Staatsangehörigkeit erwirbt.

Zu § 20.

Bei dem Erwerb einer ausländischen Staatsangehörigkeit mußte des Falles gedacht werden, daß im Auslande geborene Kinder eines Deutschen durch die Tatsache ihrer Geburt ohne ihr Zutun Angehörige ihres Geburtslandes werden, wie bereits zu § 17 bemerkt wurde. Es erscheint billig, daß solchen Personen, die unfreiwillig Ausländer geworden sind, die Möglichkeit gegeben werde, ihr

Deutschtum zu bewahren. Ich habe jedoch dieses Zugeständnis von der vorausgehenden Erfüllung der Militärpflicht abhängig gemacht. Daß eine solche, eine doppelte Staatsangehörigkeit besitzende Person, solange sie in dem Staate ihrer Geburt weilt, in Kollisionsfällen keinen Anspruch auf den Schutz der deutschen Vertretung hat, glaubte ich erwähnen zu sollen.

Der Paragraph lautet demnach:

§ 20.

Ist der im Auslande wohnhafte Deutsche nicht auf eigenen Antrag sondern in Gemäßheit der Gesetze seines Wohnsitzes Ausländer geworden, so kann er, die Erfüllung seiner deutschen Militärpflicht vorausgesetzt, durch mündliche oder schriftliche Erklärung vor dem deutschen Konsul den Willen kund geben. daß ihm die Eigenschaft als Deutscher gewahrt bleibe. Die Erklärung ist in die Konsulatsmatrikel einzutragen.

Ein solcher Deutscher hat in Kollisionsfällen, solange er in dem betreffenden ausländischen Staate wohnt, keinen Anspruch auf die Rechte und den Schutz eines Reichsangehörigen.

Zu § 21 (§ 20 des bestehenden Gesetzes).

Wie ich bereits in der 3. Auflage meines Kommentars erörtert habe, wird dessen Fassung dahin umzuändern sein, daß die Aberkennung der Staatsangehörigkeit gegen den Ungehorsamen nicht durch die Zentralbehörde eines Bundesstaates, sondern von Reichs wegen durch eine Reichsbehörde erfolgen muß; denn wie das Avokatorium vom Kaiser ausgeht, wie es nicht für die Angehörigen einzelner Bundesstaaten sondern für das ganze Reich erlassen wird, so muß auch von einer Zentral-Reichsbehörde die Untersuchung und evtl. Bestrafung erfolgen. (Siehe Cahn 3. Aufl. S. 134 Anm. 1.)

Der Paragraph lautet sonach:

§ 21.

Deutsche, welche sich im Auslande aufhalten, können ihrer Reichsangehörigkeit durch einen von dem Reichskanzler oder dessen Stellvertreter zu erlassenden Beschluß verlustig erklärt werden, wenn sie im Falle eines Krieges oder einer Kriegsgefahr einer durch den Kaiser anzuordnenden ausdrücklichen Aufforderung zur Rückkehr binnen der darin bestimmten Frist keine Folge leisten.

Zu § 22.

Dieser Paragraph bleibt unverändert bestehen; er lautet:

Tritt ein Deutscher ohne Erlaubnis seiner Regierung in fremde Staatsdienste, so kann die Zentralbehörde seines Heimatstaates denselben durch Beschluß seiner Staatsangehörigkeit verlustig erklären, wenn er einer ausdrücklichen Aufforderung zum Austritte binnen der darin bestimmten Frist keine Folge leistet.

Zu § 23.

In dem gegenwärtigen Gesetze ist es nicht zum Ausdruck gelangt, ob die Ehefrau und die minderjährigen Kinder derjenigen Personen, die auf Grund der §§ 20 und 22 durch Ausspruch der Behörde ihre Staatsangehörigkeit verloren haben, von diesem Verluste mitbetroffen sind. In der 2. Auflage meines Kommentars ist bereits diese allerdings viel bestrittene Ansicht meinerseits vertreten worden. Es erscheint mir aber durchaus notwendig in dem Gesetze ausdrücklich zu betonen, daß dem allgemeinen familienrechtlichen Grundsatze gemäß die Ehefrau und Kinder den Stand des Familienoberhauptes teilen. Die von mir vorgeschlagene Fassung des Paragraphen entspricht Art. 41 Ziffer 4 E.G. zum B.G.B. und lautet:

§ 23.

Der Verlust der Staats- bezw. Reichsangehörigkeit der auf Grund der §§ 19, 20 und 22 eingetreten ist, erstreckt sich auf die Ehefrau und die minderjährigen Kinder, deren gesetzliche Vertretung dem Vater kraft elterlicher Gewalt zusteht, soweit sich die Ehefrau und die Kinder bei ihm befinden. Ausgenommen sind Töchter, die verheiratet sind oder verheiratet gewesen sind.

Zu § 24.

Nicht nur denjenigen Deutschen, die auf Grund des § 21 des jetzigen Gesetzes ihrer Staatsangehörigkeit durch Zeitablauf verlustig gegangen sind, eine andere Staatsangehörigkeit aber nicht erworben haben, sondern auch denjenigen Deutschen, die gemäß § 18 durch Entlassung auf Antrag Ausländer geworden sind, eine andere Staatsangehörigkeit aber nicht erworben oder wieder verloren haben, muß durch einen besonderen Paragraphen die Möglichkeit gegeben werden, bei Rückkehr in das Reichsgebiet dem Absatz 4 und 5 des gedachten Paragraphen entsprechend wieder Deutsche zu werden.

Ich habe den Verlust der Staatsangehörigkeit durch Entlassung auf Antrag demjenigen durch Zeitablauf gleichgestellt, weil ich in überaus zahlreichen Fällen erfahren habe, daß die meisten Personen aus Unwissenheit ihre Entlassung beantragt haben und daß selbst bei vielen, die in noch nicht militärpflichtigem Alter ausgewandert sind, eine Umgehung der Militärpflicht garnicht beabsichtigt war. Es würde hart sein, wenn der Kategorie der Entlassenen bei Rückkehr in ihr Vaterland die Möglichkeit abgeschnitten würde, wieder Reichsangehörige zu werden.

Der Paragraph würde demnach lauten:

§ 24.

Deutschen, welche nach dem Gesetze vom 1. Juni 1870 ihre Staatsangehörigkeit durch zehnjährigen Aufenthalt im Auslande, sowie solchen, die dieselbe durch Entlassung auf Antrag verloren, eine andere Staatsangehörigkeit aber nicht erworben oder wieder verloren haben, kann die Staatsangehörigkeit in dem früheren Heimatstaate auf ihren Antrag verliehen werden, auch ohne daß sie sich dort niederlassen; sie muß ihnen auf ihr Gesuch verliehen werden, sobald sie sich in einem Bundesstaate niedergelassen haben.

§ 25.

Die Erteilung von Aufnahmeurkunden im Falle des § 2, sowie die in § 20 vorgesehene Eintragung in die Matrikel des kaiserlichen Konsulats, ferner die Erteilung der Wiederaufnahmeurkunde (§ 24) erfolgen gebührenfrei.

Für die Erteilung der Aufnahmeurkunde an Ausländer wird eine einheitliche Taxe von . . . . M. erhoben.

§ 26.

(Derogatorische Klausel.)

Vergleichende Gegenüberstellung

des

Entwurfs eines Gesetzes betreffend die Erwerbung und den Verlust der Reichs- und Staatsangehörigkeit und der entsprechenden bisherigen Bestimmungen.

Vorbemerkung.

In größerer Schrift gedruckt sind die abzuändernden bezw. aufzuhebenden Bestimmungen des geltenden Gesetzes und vorgeschlagenen Änderungen des Entwurfes.

---

§ 1.

Die Reichsangehörigkeit wird durch die Staatsangehörigkeit in einem Bundesstaate erworben und erlischt mit deren Verlust.

§ 2.

Die Staatsangehörigkeit in einem Bundesstaate wird fortan nur begründet:

1. durch Abstammung (§ 3),
2. durch Legitimation (§ 4),
3. durch Verheiratung (§ 5),
4. für einen Deutschen durch Aufnahme und } §§ 6 ff.
5. für einen Ausländer durch Naturalisation } §§ 6 ff.

Die Adoption hat für sich allein diese Wirkung nicht.

§ 3.

Durch die Geburt, auch wenn diese im Auslande erfolgt, erwerben eheliche Kinder eines Deutschen die Staatsangehörigkeit des Vaters, uneheliche Kinder einer Deutschen die Staatsangehörigkeit der Mutter.

§ 4.

Ist der Vater eines unehelichen Kindes ein Deutscher und besitzt die Mutter nicht die Staatsangehörigkeit des Vaters, so erwirbt das Kind durch eine den gesetzlichen Bestimmungen gemäß erfolgte Legitimation die Staatsangehörigkeit des Vaters.

§ 1.

Deutscher ist:

1. jeder, der die Staatsangehörigkeit in einem deutschen Bundesstaate besitzt. Als Bundesstaat im Sinne des Gesetzes gilt auch das Reichsland Elsaß-Lothringen;
2. jeder dem die Reichsangehörigkeit unmittelbar verliehen worden ist.

§ 2.

Einem Deutschen, der die Staatsangehörigkeit in einem Bundesstaate besitzt, kann in einem anderen Bundesstaate auf sein Gesuch die Aufnahme nicht verweigert werden, sofern er daselbst einen Unterstützungswohnsitz erworben hat. Mit der Erteilung einer neuen Bundesstaatsangehörigkeit erlischt ohne weiteres die bisherige.

Einem Deutschen, dem die Reichsangehörigkeit unmittelbar verliehen worden ist, muß bei seiner Einwanderung in das Reichsgebiet auf sein Gesuch die Aufnahme in denjenigen Bundesstaat erteilt werden, in welchem er sich niedergelassen hat.

§ 3.

Die Eigenschaft eines Deutschen wird erworben:

1. **durch Abstammung** (§ 4);
2. **durch Legitimation** (§ 5);
3. **durch Verheiratung** (§ 6);
4. durch Verleihung (§§ 7 und ff.).

§ 4.

Durch die Geburt, auch wenn diese im Auslande erfolgt, erwerben eheliche Kinder eines Deutschen die Staats- bezw. Reichsangehörigkeit des Vaters, uneheliche Kinder einer Deutschen die Staats- bezw. Reichsangehörigkeit der Mutter.

§ 5.

Ist der Vater eines unehelichen Kindes ein Deutscher und besitzt die Mutter nicht die Staats- bezw. Reichsangehörigkeit des Vaters, so erwirbt das Kind durch eine den gesetzlichen Bestimmungen gemäß erfolgte Legitimation die Staats- bezw. Reichsangehörigkeit des Vaters.

§ 5.

Die Verheiratung mit einem Deutschen begründet für die Ehefrau die Staatsangehörigkeit des Mannes.

§ 6.

Die Aufnahme, sowie die Naturalisation (§ 2 Nr. 4 und 5) erfolgt durch eine von der höheren Verwaltungsbehörde ausgefertigte Urkunde.

§ 7.

Die Aufnahmeurkunde wird jedem Angehörigen eines anderen Bundesstaates erteilt, welcher um dieselbe nachsucht und nachweist, daß er in dem Bundesstaate, in welchem er die Aufnahme nachsucht, sich niedergelassen habe, sofern kein Grund vorliegt, welcher nach den §§ 2—5 des Gesetzes über die Freizügigkeit vom 1. November 1867 die Abweisung eines Neuanziehenden oder die Versagung der Fortsetzung des Aufenthaltes rechtfertigt.

§ 8.

Die Naturalisationsurkunde darf Ausländern nur dann erteilt werden, wenn sie

1. nach den Gesetzen ihrer bisherigen Heimat dispositionsfähig sind, es sei denn, daß der Mangel der Dispositionsfähigkeit durch die Zustimmung des Vaters, des Vormundes oder Kurators des Aufzunehmenden ergänzt wird;
2. einen unbescholtenen Lebenswandel geführt haben;
3. an dem Orte, wo sie sich niederlassen wollen, eine eigene Wohnung oder ein Unterkommen finden;
4. an diesem Orte nach den daselbst bestehenden Verhältnissen sich und ihre Angehörigen zu ernähren im Stande sind.

Vor Erteilung der Naturalisationsurkunde hat die höhere Verwaltungsbehörde die Gemeinde, bezw. den Armenverband desjenigen Ortes, wo der Aufzunehmende sich niederlassen will, in Beziehung auf die Erfordernisse unter Nr. 2, 3 und 4 mit ihrer Erklärung zu hören.

§ 6.

Durch die Verheiratung mit einem Deutschen erwirbt die Ehefrau die Staats- bezw. Reichsangehörigkeit des Mannes.

§ 7.

Die Verleihung der Staatsangehörigkeit erfolgt durch eine von der höheren Verwaltungsbehörde oder, wenn es sich um die Verleihung der Reichsangehörigkeit handelt, durch eine von dem Reichskanzler oder einen von ihm beauftragten Beamten ausgefertigte Urkunde (§§ 8 ff.).

(Ist durch § 2 ersetzt.)

§ 8.

Einem im Reichsgebiet wohnhaften Ausländer darf die Staatsangehörigkeit in einem Bundesstaate nur dann verliehen werden, wenn er:

1. nach den Gesetzen seiner bisherigen Heimat unbeschränkt geschäftsfähig ist, es sei denn, daß der Mangel der unbeschränkten Geschäftsfähigkeit durch die Zustimmung des gesetzlichen Vertreters des Aufzunehmenden ergänzt wird;
2. sich vor Erwirkung der Staatsangehörigkeit in dem Bundesstaat seiner Niederlassung mindestens fünf Jahre aufgehalten hat;
3. während dieser Zeit einen unbescholtenen Lebenswandel geführt hat und
4. den Nachweis erbringt, daß er an dem Orte seiner bisherigen Niederlassung nach den daselbst bestehenden Verhältnissen sich und seine Angehörigen zu ernähren imstande ist.

Vor Verleihung der Staatsangehörigkeit hat die höhere Verwaltungsbehörde die Gemeinde bezw. den Armenverband desjenigen Ortes, wo der Aufzunehmende sich niedergelassen hat, in Beziehung auf die Erfordernisse unter Nr. 3 und 4 mit ihrer Erklärung zu hören.

§ 9.

Eine von der Regierung oder von einer Zentral- oder höheren Verwaltungsbehörde eines Bundesstaates vollzogene oder bestätigte Bestallung für einen in den unmittelbaren oder mittelbaren Staatsdienst oder in dem Kirchen-, Schul- oder Kommunaldienst aufgenommenen Ausländer oder Angehörigen eines andern Bundesstaates vertritt die Stelle

Wenn der um die Staatsangehörigkeit nachsuchende Ausländer sich in wissenschaftlicher, technischer oder industrieller Hinsicht so auszeichnet, daß von ihm für das Reich die Leistung wichtiger Dienste erwartet werden darf, so kann von einer zeitlich begrenzten vorherigen Niederlassung ganz oder teilweise abgesehen werden.

§ 9.

Einem in den Schutzgebieten wohnhaften Ausländer, der um die Reichsangehörigkeit nachsucht und nachweist, daß seit seiner Niederlassung daselbst ein Zeitraum von mindestens fünf Jahren verflossen ist, sowie den in den Schutzgebieten seßhaften Eingeborenen kann die Reichsangehörigkeit von dem Reichskanzler oder einem von ihm beauftragten Beamten verliehen werden.

§ 10.

Kinder, deren Familienstand unbekannt ist (Findelkinder), erwerben in demjenigen Bundesstaate die Staatsangehörigkeit, in dem sie aufgefunden worden sind.

§ 11.

Die im Reichsgebiet geborenen Kinder eines daselbst wohnhaften, mit einer Deutschen verehelichten Ausländers können in dem Jahre der erreichten Volljährigkeit die Verleihung der Staatsangehörigkeit in dem Bundesstaate ihrer Geburt nachsuchen. Dieselbe kann ihnen von der höheren Verwaltungsbehörde nicht verweigert werden, wenn die in § 8 Ziffer 3 und 4 aufgestellten Bedingungen erfüllt sind.

§ 12.

Die im Reichsgebiet geborenen Kinder eines daselbst wohnhaften Ausländers, der selbst schon im Reichsgebiet geboren ist, gelten mit erreichter Volljährigkeit als Angehörige des Bundesstaates ihrer Geburt, sofern nicht ein amtlicher Nachweis erbracht wird, daß sie sich noch im Besitze der Staatsangehörigkeit der Eltern befinden.

§ 13.

Eine von der Regierung oder von einer Zentral- oder höheren Verwaltungsbehörde eines Bundesstaates vollzogene oder bestätigte Bestallung für einen in den unmittelbaren oder mittelbaren Staatsdienst oder in den Kirchen-, Kommunal- oder öffentlichen Schuldienst aufgenommenen Ausländer oder Angehörigen eines andern Bundesstaates ver-

der Naturalisationsurkunde bezw. Aufnahmeurkunde, sofern nicht ein entgegenstehender Vorbehalt in der Bestallung ausgedrückt wird.

Ist die Anstellung eines Ausländers im Reichsdienst erfolgt, so erwirbt der Angestellte die Staatsangehörigkeit in demjenigen Bundesstaate, in welchem er seinen dienstlichen Wohnsitz hat.

Reichsgesetz vom 20. Dezember 1875.

Ausländern, welche im Reichsdienst angestellt sind, ein Diensteinkommen aus der Reichskasse beziehen und ihren dienstlichen Wohnsitz im Auslande haben, darf von demjenigen Bundesstaate, in welchem sie die Verleihung der Staatsangehörigkeit nachsuchen, die Naturalisationsurkunde nicht versagt werden.

§ 10.

Die Naturalisationsurkunde bezw. Aufnahmeurkunde begründet mit dem Zeitpunkt der Aushändigung alle mit der Staatsangehörigkeit verbundenen Rechte und Pflichten.

§ 11.

Die Verleihung der Staatsangehörigkeit erstreckt sich, insofern nicht dabei eine Ausnahme gemacht wird, zugleich auf die Ehefrau und auf diejenigen minderjährigen Kinder, deren gesetzliche Vertretung dem Aufgenommenen oder Naturalisierten kraft elterlicher Gewalt zusteht. Ausgenommen sind Töchter, die verheiratet sind oder verheiratet gewesen sind.

§ 12.

Der Wohnsitz innerhalb eines Bundesstaates begründet für sich allein die Staatsangehörigkeit nicht.

§ 13.

Die Staatsangehörigkeit geht fortan nur verloren:

1. durch Entlassung auf Antrag (§§ 14 ff.);
2. durch Ausspruch der Behörde (§§ 20 und 22);
3. durch zehnjährigen Aufenthalt im Auslande (§ 21);
4. bei unehelichen Kindern durch eine den gesetzlichen Bestimmungen gemäß erfolgte Legitimation, wenn der Vater einem anderen Staate angehört, als die Mutter;
5. bei einer Deutschen durch Verheiratung mit dem Angehörigen eines andern Bundesstaates oder mit einem Ausländer.

tritt die Stelle der Verleihungsurkunde, sofern nicht ein entgegenstehender Vorbehalt in der Bestallung ausgedrückt wird.

Ist die Anstellung eines Ausländers im Reichsdienste erfolgt, so erwirbt der Angestellte die Staatsangehörigkeit in demjenigen Bundesstaate, in welchem er seinen dienstlichen Wohnsitz hat.

§ 14.

Ausländern, welche im Reichsdienste angestellt sind, ein Diensteinkommen aus der Reichskasse beziehen und ihren dienstlichen Wohnsitz im Auslande haben, wird auf ihren Antrag die Reichsangehörigkeit von dem Reichskanzler oder dem von ihm beauftragten Beamten verliehen.

Bei etwaiger Niederlassung eines solchen Reichsangehörigen im Reichsgebiet muß diesem auf seinen Antrag die Staatsangehörigkeit in dem von ihm als Wohnsitz gewählten Bundesstaate verliehen werden.

§ 15.

Die Verleihungsurkunde begründet mit dem Zeitpunkte der Aushändigung alle mit der Staatsangehörigkeit verbundenen Rechte und Pflichten.

§ 16.

Die Verleihung der Staats- bezw. Reichsangehörigkeit erstreckt sich, insofern nicht dabei eine Ausnahme gemacht wird, zugleich auf die Ehefrau und diejenigen minderjährigen Kinder, deren gesetzliche Vertretung dem Aufgenommenen kraft elterlicher Gewalt zusteht. Ausgenommen sind Töchter, welche verheiratet sind oder verheiratet gewesen sind.

(Ist als überflüssig gestrichen.)

§ 17.

Die Eigenschaft eines Deutschen geht verloren:

1. durch die den gesetzlichen Bestimmungen gemäß erfolgte Legitimation eines unehelichen Kindes, wenn der Vater Ausländer ist;
2. durch Verheiratung einer Deutschen mit einem Ausländer (§ 18);
3. durch die Erwerbung einer ausländischen Staatsangehörigkeit (§§ 19, 20 und 21);
4. durch Ausspruch der Behörde (§§ 22 und 23).

§ 14.

Die Entlassung wird durch eine von der höheren Verwaltungsbehörde des Heimatsstaates ausgefertigte Urkunde erteilt.

§ 14a.

Die Entlassung eines Staatsangehörigen, der unter elterlicher Gewalt oder Vormundschaft steht, kann von dem gesetzlichen Vertreter nur mit Genehmigung des Vormundschaftsgerichts beantragt werden.

Die Genehmigung des Vormundschaftsgerichts ist nicht erforderlich, wenn der Vater oder die Mutter die Entlassung für sich und zugleich kraft elterlicher Gewalt für ein Kind beantragt. Erstreckt sich der Wirkungskreis eines der Mutter bestellten Beistandes auf die Sorge für die Person des Kindes, so bedarf die Mutter in einem solchen Falle der Genehmigung des Beistandes zu dem Antrag auf Entlassung des Kindes.

§ 15.

Die Entlassung wird jedem Staatsangehörigen erteilt, welcher nachweist, daß er in einem anderen Bundesstaate die Staatsangehörigkeit erworben hat.

In Ermangelung dieses Nachweises darf sie nicht erteilt werden:

1. Wehrpflichtigen, welche sich in dem Alter vom vollendeten siebenzehnten bis zum vollendeten fünfundzwanzigsten Lebensjahre befinden, bevor sie ein Zeugnis der Kreis-Ersatzkommission darüber beigebracht haben, daß sie die Entlassung nicht bloß in der Absicht nachsuchen, um sich der Dienstpflicht im stehenden Heere oder der Flotte zu entziehen;
2. Militärpersonen, welche zum stehenden Heere oder zur Flotte gehören, Offizieren des Beurlaubtenstandes und Beamten, bevor sie aus dem Dienste entlassen sind;
3. den zur Reserve des stehenden Heeres und zur Landwehr sowie den zur Reserve der Flotte und zur Seewehr gehörigen und nicht als Offiziere angestellten Personen, nachdem sie zum aktiven Dienste einberufen worden sind.

§ 17.

Aus anderen als den in § 15 bezeichneten Gründen darf in Friedenszeiten die Entlassung nicht verweigert werden. Für

(Alle auf die Entlassung sich beziehenden Paragraphen des geltenden Gesetzes sind in dem von mir vorgeschlagenen Entwurfe gestrichen.)

die Zeit eines Krieges oder einer Kriegsgefahr bleibt dem Bundespräsidium der Erlaß besonderer Verfügungen vorbehalten.

§ 18.

Die Entlassungsurkunde bewirkt mit dem Zeitpunkte der Aushändigung den Verlust der Staatsangehörigkeit.

Die Entlassung wird unwirksam, wenn der Entlassene nicht binnen sechs Monaten vom Tage der Aushändigung der Entlassungsurkunde an, seinen Wohnsitz außerhalb des Reichsgebietes verlegt oder die Staatsangehörigkeit in einem anderen Bundesstaate erwirbt.

§ 19.

Die Entlassung erstreckt sich, insofern nicht dabei eine Ausnahme gemacht wird, zugleich auf die Ehefrau und auf diejenigen Kinder, deren gesetzliche Vertretung dem Entlassenen kraft elterlicher Gewalt zusteht.

Die Vorschrift findet keine Anwendung auf Töchter, die verheiratet sind oder verheiratet gewesen sind, sowie auf Kinder, die unter der elterlichen Gewalt der Mutter stehen, falls die Mutter zu dem Antrag auf Entlassung der Kinder nach § 14a Abs. 2 Satz 2 der Genehmigung des Beistandes bedarf.

§ 18.

Hat eine Deutsche durch Verheiratung mit einem Ausländer ihre ursprüngliche Staatsangehörigkeit verloren, das Reichsgebiet aber nicht verlassen, so muß ihr, wenn die Ehe aufgelöst ist, für sich und ihre minderjährigen Kinder auf ihren Antrag die deutsche Reichs- bezw. Staatsangehörigkeit verliehen werden, ohne daß von ihr die Erfüllung der in den §§ 8 und 9 unter Ziff. 2—4 aufgestellten Bedingungen verlangt werden kann.

§ 19.

Der im Auslande wohnhafte Deutsche verliert seine Staatsangehörigkeit, wenn er auf seinen Antrag oder im Falle der Geschäftsunfähigkeit auf den Antrag seines gesetzlichen Vertreters eine ausländische Staatsangehörigkeit erwirbt.

§ 20.

Ist der im Auslande wohnhafte Deutsche nicht auf eigenen Antrag, sondern in Gemäßheit der Gesetze seines Wohnsitzes Ausländer geworden, so kann er, die Erfüllung der deutschen Militärpflicht vorausgesetzt, durch mündliche oder schriftliche Erklärung vor dem deutschen Konsul den Willen kundgeben, daß ihm die Eigenschaft als Deutscher gewahrt bleibe. Die Erklärung ist in die Konsulatsmatrikel einzutragen.

§ 20.

Deutsche, welche sich im Auslande aufhalten, können ihrer Staatsangehörigkeit durch einen Beschluß der Zentralbehörde ihres Heimatsstaates verlustig erklärt werden, wenn sie im Falle eines Krieges oder einer Kriegsgefahr einer durch das Bundespräsidium für das ganze Reichsgebiet anzuordnenden ausdrücklichen Aufforderung zur Rückkehr binnen der darin bestimmten Frist keine Folge leisten.

§ 21.

Deutsche, welche das Reichsgebiet verlassen und sich zehn Jahre lang ununterbrochen im Auslande aufhalten, verlieren dadurch ihre Staatsangehörigkeit. Die vorbezeichnete Frist wird von dem Zeitpunkte des Austritts aus dem Reichsgebiete oder, wenn der Austretende sich im Besitz eines Reisepapiers oder Heimatscheines befindet, von dem Zeitpunkte des Ablaufs dieser Papiere an gerechnet. Sie wird unterbrochen durch die Eintragung in die Matrikel eines Reichskonsulats. Ihr Lauf beginnt von neuem mit dem auf die Löschung in der Matrikel folgenden Tage.

Der hiernach eingetretene Verlust der Staatsangehörigkeit erstreckt sich zugleich auf die Ehefrau und auf diejenigen Kinder, deren gesetzliche Vertretung dem Ausgetretenen kraft elterlicher Gewalt zusteht, soweit sich die Ehefrau oder die Kinder bei dem Ausgetretenen befinden. Ausgenommen sind Töchter, die verheiratet sind oder verheiratet gewesen sind.

Für Deutsche, welche sich in einem Staate des Auslandes mindestens fünf Jahre lang ununterbrochen aufhalten und in demselben zugleich die Staatsangehörigkeit erwerben, kann durch Staatsvertrag die zehnjährige Frist bis auf eine fünfjährige vermindert werden, ohne Unterschied, ob die Beteiligten sich im Besitze eines Reisepapieres oder Heimatscheines befinden oder nicht.

Deutschen, welche ihre Staatsangehörigkeit durch zehnjährigen Aufenthalt im Auslande verloren und keine andere Staatsangehörigkeit erworben haben, kann die Staatsangehörigkeit in dem früheren Heimatstaate wieder verliehen werden, auch ohne daß sie sich dort niederlassen.

Ein solcher Deutscher hat in Kollisionsfällen, solange er in dem betreffenden ausländischen Staate wohnt, keinen Anspruch auf die Rechte und den Schutz eines Reichsangehörigen.

§ 21.

Deutsche, welche sich im Auslande aufhalten, können ihrer Reichsangehörigkeit durch einen von dem Reichskanzler oder dessen Stellvertreter zu erlassenden Beschluß verlustig erklärt werden, wenn sie im Falle eines Krieges oder einer Kriegsgefahr einer durch den Kaiser anzuordnenden ausdrücklichen Aufforderung zur Rückkehr binnen der darin bestimmten Frist keine Folge leisten.

Deutsche, welche ihre Staatsangehörigkeit durch zehnjährigen Aufenthalt im Auslande verloren haben und demnächst in das Reichsgebiet zurückkehren, erwerben die Staatsangehörigkeit in demjenigen Bundesstaate, in welchem sie sich niedergelassen haben, durch eine von der höheren Verwaltungsbehörde ausgefertigte Aufnahmeurkunde, welche auf Nachsuchen ihnen erteilt werden muß.

§ 22.

Tritt ein Deutscher ohne Erlaubnis seiner Regierung in fremde Staatsdienste, so kann die Zentralbehörde seines Heimatstaates denselben durch Beschluß seiner Staatsangehörigkeit verlustig erklären, wenn er einer ausdrücklichen Aufforderung zum Austritte binnen der darin bestimmten Frist keine Folge leistet.

§ 23.

Wenn ein Deutscher mit Erlaubnis seiner Regierung bei einer fremden Macht dient, so verbleibt ihm seine Staatsangehörigkeit.

§ 24.

Die Erteilung von Aufnahmeurkunden und in den Fällen des § 15 Abs. 1 von Entlassungsurkunden erfolgt kostenfrei.

Für die Erteilung von Entlassungsurkunden in anderen als § 15 Abs. 1 bezeichneten Fällen, darf an Stempelabgaben und Ausfertigungsgebühren zusammen nicht mehr als höchstens 1 Taler erhoben werden.

§ 22.

Tritt ein Deutscher ohne Erlaubnis seiner Regierung in fremde Staatsdienste, so kann die Zentralbehörde seines Heimatstaates denselben durch Beschluß seiner Staatsangehörigkeit verlustig erklären, wenn er einer ausdrücklichen Aufforderung zum Austritte binnen der darin bestimmten Frist keine Folge leistet.

(Ist als überflüssig gestrichen.)

§ 23.

Der Verlust der Staats- bezw. Reichsangehörigkeit, der auf Grund der §§ 19, 20 und 22 eingetreten ist, erstreckt sich auf die Ehefrau und auf die minderjährigen Kinder, deren gesetzliche Vertretung dem Vater kraft elterlicher Gewalt zusteht, soweit sich die Ehefrau und Kinder bei ihm befinden. Ausgenommen sind Töchter, die verheiratet sind oder verheiratet gewesen sind.

§ 24.

Deutschen, welche nach dem Gesetze vom 1. Juni 1870 ihre Staatsangehörigkeit durch zehnjährigen Aufenthalt im Auslande, sowie solchen, die dieselbe durch Entlassung auf Antrag verloren, eine andere Staatsangehörigkeit aber nicht erworben oder wieder verloren haben, kann die Staatsangehörigkeit in dem früheren Heimatstaate auf ihren Antrag verliehen werden, auch ohne daß sie sich dort niederlassen; sie muß ihnen auf ihr Gesuch verliehen werden, sobald sie sich in einem Bundesstaate niedergelassen haben.

§ 25.

Die Erteilung von Aufnahmeurkunden im Falle des § 2, sowie die im § 20 vorgesehene Eintragung in die Matrikel des Kaiserlichen Konsulats, ferner die Erteilung der Wiederaufnahmeurkunde (§ 24) erfolgen gebührenfrei.

Für die Erteilung der Aufnahmeurkunde an Ausländer wird eine einheitliche Taxe von . . . . Mark erhoben.

Druck von Otto Walter in Berlin S. 14,
Kommandantenstraße 44a.

FSC
www.fsc.org
MIX
Papier | Fördert
gute Waldnutzung
FSC® C083411

Kolibri 360 GmbH
Ferdinand-Jühlke-Straße 7
99095 Erfurt, Deutschland
produktsicherheit@kolibri360.de